EL PUEBLO WIXÁRIKA Y SUS

Luz María Chapela

NOS
TRA
EDICIONES

El pueblo wixárika y sus dioses
Luz María Chapela

Segunda edición: Nostra Ediciones, 2018
Primera reimpresión: Nostra Ediciones, 2008
Primera edición: Nostra Ediciones, 2007

D.R. © 2018, Nostra Ediciones, S.A. de C.V.
    Pleamares 54, colonia Las Águilas,
    01017, Álvaro Obregón,
    Ciudad de México

Texto © Luz María Chapela
Traducción al wixárika © Gabriel Pacheco Salvador
Ilustraciones © Rodrigo Vargas

ISBN: 978-607-7603-86-3

Impreso en México

Los textos de este libro son una creación derivada
de arquetipos ancestrales de la narrativa oral wixárika.

ÍNDICE

PRESENTACIÓN

En medio de alturas majestuosas, barrancos profundos, vientos que se pasean a sus anchas por el territorio y cielos nocturnos inmensos y estrellados, vive el pueblo wixárika.

Por muchos años, este pueblo fue llamado huichol. Sin embargo, huichol significa "el que huye" y los wixaritari (plural de wixárika) no huyen; permanecen en su territorio y ahí viven, trabajando, aprendiendo, celebrando a la naturaleza y recreando sus fiestas tradicionales.

Pueblo wixárika significa pueblo de corazón grande, de sentimientos profundos.

A lo largo de los siglos, este pueblo ha construido una cultura rica con fiestas que acompañan los ciclos de la siembra y la cosecha, formas de organizar los gobiernos comunitarios, ritos de peregrinación o ceremonias para presentar, a los niños y niñas, a los dioses.

Esta cultura también está formada por leyendas que nos cuentan cómo apareció la primera mujer sobre la tierra o cómo se realizó la primera siembra de la historia; por conocimientos ancestrales que nos hablan de la vida del maíz y su importancia; por imágenes magníficas que, a través de bordados y trabajos en chaquira, nos explican, en un solo retablo a todo color, cómo se relacionan el sol, el venado, el maíz, las personas y los dioses. Es mucha la riqueza de la cultura wixárika.

Para preparar este libro elegimos un solo elemento cultural: la relación que guardan los wixaritari con sus dioses, que viven en la naturaleza.

Las culturas son las creaciones originales de pueblos que quieren tomar en sus manos los asuntos de la vida diaria para encontrar su propia manera de vivir en este mundo: en armonía y con florecimiento. Todo lo que contamos en este libro ha sido generado por los abuelos ancestrales del pueblo wixárika y está vivo en el corazón de los wixaritari contemporáneos.

TITA MƗRAYEMIE

Tsepá netɨ niu'aiyaka, niu'akiyaka, hɨri niuyeheitɨkani 'eeká nanuyeikani ka'anemekɨ, ya tsepá kwi yɨwíkɨta xurawetsixi menayemɨɨreniketɨ mɨya 'anekɨa wixárika nikiekametɨni.

Hikɨa mɨtikahane, kiekame huichol katiniumámatiwakaitɨni. Huichol yu'uname tɨtɨ kananuyɨneni, peru takwé wixárika hawai heyu'unatɨyeikaka, heitserie yukie kaniukani, katinayexeiyani, katini'uximayaka, katinetimámateni, kwiepa kemɨti'ane katiniyumayɨirieka, metá yuyeiyári hepaɨtsita tsiere katinayexeiyani.

Wixárika, tewi yu'iyarikɨ muyeika, mɨrayexeiya, kananuyɨneni.

Hikɨa mɨtikahane, wixaritari waɨká yu'iyarikɨ meyu'enietɨ yuyeiyári mekaniutákeni, hikɨ 'aimieme 'ikú 'ixɨarariyari kaniyuwewiximeni, tsiere pátsixa 'ixɨarariyari kaniuyeikani, ya Páriyatsie yeiyá ke mɨti'ane tɨɨrí matɨarixi memeuxátsienitsie mɨkɨ katiniyuwewiximeni.

Wixárika yeiyárieya waɨká tsiere 'ɨxátsikate kaniuyemaika 'uká kename ke tiuhekɨarixɨ ya kepaɨ niuki ke reuhaneni katiniutayɨni matɨari; wana ke ri ratimietɨ takakaɨma wamaiyá temu'eni hikɨ 'ikú yeiyárieya tekaniuyemaika; mɨkɨ naitɨ katinihekɨaka hikɨ, xuiyátsie, tsaiyátsie ya 'itsaritsie; tiutiniutɨ xɨka ti'anéneni heiwa me witakɨ 'ayenɨrietɨ tau, maxa, 'ikú, tewi ya kakaɨyari yuhetsie me'ukunetɨ mekanaye'ukakuni 'uxatsie tekateniníniereni. Wixárika yeiyárieya tsɨ yeme waɨká kuxi katiniuweiyani.

'Ikɨ xapa kaniyutawewieni tihɨkɨame xeikɨa tiuweiyatɨ: kepaɨ wixaritari me'ane kwiepa mɨtihekɨa hepaɨtsita, keti'anene mana, kepaɨ ta me'ane kakaɨyarixi memukuwetɨká wahetsɨa.

'Ikɨ yeiyárite mɨya manuyɨtɨka kiekarite 'ɨkiyaya tɨtɨ kanihɨkɨtɨni mana kiekatari yuhetsie me'ihɨtɨ yutuukari mekanayexeiyani: 'aixɨa 'iyari metá mɨtiyewerirɨmenikɨ 'uxa'á waríe. 'Ena xapatsie temɨtekuxata ta'úkitsiema wixaritari waniukikɨ katiniuyɨni, hikɨ kuxi me 'ayɨweka wixaritari watuukari kanayeniereni.

EN BUSCA DE UN HOGAR

En el principio de su historia, los wixaritari vagaban por el mundo de un lugar a otro, sin rumbo fijo, sin destino preciso. Iban siguiendo a sus dioses por todas partes.

Es que los dioses buscaban un hogar y no podían encontrarlo. Buscaban un paisaje hermoso, amplio y abierto; un sitio apartado y majestuoso; una tierra fértil que permitiera la siembra y la cosecha abundante. No  encontraban este sitio que, con tanta claridad, habían imaginado.

Y las mujeres, los hombres, las niñas y los niños los seguían por todas partes mientras los dioses visitaban mares, planicies, playas, cerros y cañadas. Es que querían estar cerca de ellos, no querían separarse.

Por fin, un día dichoso, los dioses encontraron el lugar que buscaban. En la región conocida ahora como Sierra Madre Occidental que corresponde a Jalisco, Nayarit y Durango, encontraron cimas escarpadas, paisajes abruptos, horizontes inmensos y alturas majestuosas.

Justo lo que buscaban: ahí se quedaron. Eligieron estas lejanías porque los dioses wixaritari son seres amables que valoran la vida sencilla, que no desean poseer, que se conforman con una vida tranquila y un buen suelo para la labranza.

Cuando los dioses dijeron "aquí nos quedamos", los wixaritari supieron que habían llegado a su hogar, supieron que, a partir de ese momento, la escarpada serranía sería su morada. Y así ha sido desde entonces.

En medio de alturas majestuosas y barrancos profundos, vive el pueblo wixárika.

EL TERRITORIO WIXÁRIKA

El territorio tiene tres niveles y cinco sitios cardinales que marcan la dimensión y los límites del mundo: marcan el universo wixárika.

Tres niveles

El primer nivel es el inframundo que está bajo la tierra. Ahí viven dioses poderosos que pueden hacer mucho daño si logran escapar de las regiones subterráneas. También viven ahí por un tiempo las personas que mueren, mientras se purifican, antes de ir al cielo.

El segundo nivel es la superficie de la tierra en la que viven las montañas, los ríos, las plantas, los animales, las personas y los dioses que habitan en el campo: en los manantiales, en los pies de árbol, en las cuevas o en algunas rocas y peñazcos.

El tercer nivel es el cielo, el reino de la muerte, el lugar al que llegan aquellos que se purifican en el inframundo y que alcanzan la pureza.

Hay tres niveles en el mundo wixárika:
inframundo, superficie terrestre y cielo, lugar de las almas puras.

● ● ● ● ○ Cinco sitios cardinales

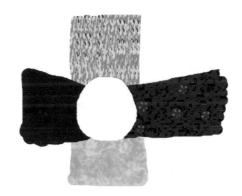

Son cinco los sitios cardinales del mundo wixárika. En el centro está Teekata.

● **Haramara.** Está al oeste, en lo que ahora conocemos como la Isla del Rey, en San Blas, Nayarit.

Por *Haramara* llegaron a la tierra los primeros dioses. Venían de lejos, del otro lado del mar.

 En *Haramara* vive la diosa del mar. Ella es la que dio vida a la nación wixárika. También viven ahí la diosa del maíz y una serpiente inmensa que tiene por costumbre devorar personas.

El color de *Haramara* es el guinda negroso.

- **´Auxamanaká.** Está al norte, en el llamado Cerro Gordo de Durango.

Ahí, en *'Auxamanaká* tocó tierra la canoa de la diosa *Nakawé*, la madre de todos los dioses. Andaba navegando porque había llegado el diluvio. Pero cuando bajaron las aguas, tocó tierra en *'Auxamanaká*. En esta canoa venía *Watakame* al que *Nakawé* salvó del diluvio, para que fuera el padre de todos los futuros wixaritari.

En *'Auxamanaká* nacieron el venado hembra y los dos mensajeros de la diosa *Nakawé*: el águila real y el viento.

El color de *'Auxamanaká* es el amarillo.

En una canoa cerrada, la diosa Nakawé salvó al padre de todos los wixaritari.

- **Xapawiyeme.** Está al sur, donde hoy se encuentra la Isla de los Alacranes, en el Lago de Chapala.

Xapawiyeme fue el lugar en el que *Watakame*, una vez salvado del diluvio por *Nakawé*, sembró la tierra para preparar la primera milpa de la historia.

Xapawiyeme es el sitio de la fecundidad, de la lluvia y de la profundidad.

El color de *Xapawiyeme* es el azul.

- **Wirikuta.** Está al este, en Real de Catorce, San Luis Potosí.

En *Wirikuta* se reunieron, hace miles de años, todos los dioses wixaritari. Necesitaban hablar. No tenían luz ni calor para la tierra, porque el sol no existía en esos tiempos. Pero no estaban seguros de que fuera momento oportuno para crear al sol. Cuando se reunieron, pensaron que sí, que sería bueno crearlo. Y, por ahí, por *Wirikuta*, salió el sol esplendoroso la primera vez. El sol wixárika es también venado y es también peyote. Por eso,

El peyote puede ser flor y venado y maíz y nuevamente flor y ...

en *Wirikuta* nacieron el venado y el peyote. Los wixaritari dirigen su principal peregrinación hacia *Wirikuta* siguiendo ritos ancestrales.

El color de *Wirikuta* es el rojo.

● **Teekata.** Está en el corazón del territorio wixárika. Marca el centro del mundo. Es "el" punto, el lugar de partida y de llegada. Es el corazón de la tierra.

El sol es amigo del venado y le da libertad al águila para girar en sus dominios.

Teekata es el hogar del Abuelo Fuego, del dios *Tatewarí*. También es el lugar de la luz.

El color de *Teekata* es el blanco. ◯

LA MADRE NATURALEZA

La naturaleza es la gran madre que ofrece vida, alimento, paisaje y largos caminos para peregrinar.

Para los wixaritari, la tierra es la gran madre. De ella reciben todo lo que necesitan: vida, alimento, salud, agua, aire, lluvia, viento, paisajes y largos caminos para peregrinar.

La Madre Tierra merece respeto y agradecimiento. Los wixaritari cuidan con cariño a su madre, tanto para ellos mismos como para los que todavía no nacen. Saben que las niñas y los niños que vendrán un día, necesitarán una tierra sana y fértil para vivir en ella con salud y florecimiento.

Como los dioses tienen sus habitaciones en el campo y los wixaritari siempre están en comunicación con ellos a través de ofrendas, el territorio wixárika se ve salpicado por jícaras pintadas con colores brillantes y flechas adornadas con plumas diversas. Estas jícaras y flechas significan mensajes que las personas mandan a sus dioses para pedir salud, una buena cosecha o el descanso de un familiar que ha muerto, por ejemplo.

Los seres del mundo wixárika nunca están aislados, siempre están relacionándose unos con otros. Porque, en este mundo, las cosas nunca están fijas, siempre están moviéndose, visitándose, comunicándose. Cada ser tiene su propio sentido y puede afectar a los otros de la misma manera en la que los otros pueden afectarlo.

Por ejemplo, las nubes están hechas con el mismo ser de los dioses. La lluvia es un regalo de los dioses. El tigre es una amenaza para las comunidades pero es posible dominarlo con un canto sagrado. El canto contra el tigre es un regalo de los dioses. Los tlacuaches son muy queridos porque un antiguo tlacuache se robó el fuego y se lo dio a los dioses: quien mate un tlacuache puede sufrir penas severas en el inframundo. La golondrina representa la vida. La paloma de alas blancas es la encargada de cuidar el agua. Las ardillas pueden causar locura a las personas, pero sólo cuando ellas quieren, no siempre. El búho es el encargado de anunciar que una persona va a morir. En las rocas y peñazcos gigantes habitan los antepasados, por eso es mejor no moverlas, para no molestar a los ancianos. Y el águila es la mensajera que comunica a las personas con los dioses.

EL MUNDO DE LOS DIOSES

Como viven y se comunican con ellos de manera constante, para los wixaritari los dioses forman parte de una gran familia. Por eso los llaman con cariño, como si fueran parientes. Les dicen, por ejemplo, Padre Sol, Madre Agua, Hermano Venado o Abuelo Fuego.

En el campo wixárika, el paisaje cambia de manera drástica en tiempo de lluvias y en tiempo de secas. La vida cambia con las estaciones. Los dioses wixaritari viven en dos mundos distintos: unos viven en el mundo húmedo habitado por deidades femeninas y otros viven en el mundo seco habitado por deidades masculinas. Así está dividido el mundo de los dioses.

Los dioses de ambos mundos, con frecuencia, entran en terribles combates que tienen consecuencias en la vida diaria. Por ejemplo, el viento apaga al fuego y, en respuesta y para vengar la ofensa, las nubes cubren al sol, para que pierda su fuerza. Algunas veces ganan los dioses de las secas y, entonces, dura mucho la temporada en que los ríos casi no llevan agua. Otras veces ganan las diosas del mundo húmedo y, entonces, las lluvias se prolongan más de lo acostumbrado.

Los wixaritari son los encargados de coordinar estas luchas. A lo largo del año realizan fiestas específicas que equilibran las fuerzas de la naturaleza y tranquilizan a los dioses. Así, la vida en la tierra transcurre con normalidad y calma.

La región de los dioses tiene dos mundos: el húmedo y el seco. Ambos mundos combaten.

Algunas diosas del mundo húmedo

Agua

Nakawé. Es la madre de todos los dioses y se le conoce como la Madre Agua. Es anciana. Es la encargada de cuidar los nacimientos, la salud y el crecimiento de personas, plantas y animales. Como ya vimos, fue ella la que salvó del diluvio al primer hombre.

Las jícaras representan el estómago de *Nakawé*, el maíz surge de sus pies, las flechas representan su pensamiento y su cabeza contiene al mundo entero.

Nakawé se expresa a través de serpientes de agua, peces, jícaras y fuentes. Ella creó a los peces, las tortugas de mar y las iguanas.

Las mejores amigas de *Nakawé* son las estrellas.

Nakawé, la Madre Agua, creó los peces, las tortugas de mar y las fuentes brotantes.

Tierra

Yurienaka es la Madre Tierra. Ella es la encargada del barro para la alfarería.

Como ella es la responsable de la fertilidad del suelo, recibe grandes homenajes cada vez que las comunidades van a sembrar las milpas.

La imagen terrenal de *Yurienaka* es el cántaro.

Yurienaka es la diosa del suelo y del barro. De ella nacen los cántaros.

Maíz

Tatei Otwanaka, la Madre Maíz, se puede transformar en jaguar, en flor y en agua.

Tatei Otwanaka es la Madre Maíz y puede convertirse en agua, maíz o jaguar.

Como ella está en el corazón del maíz, esta planta siente y percibe los sentimientos de las personas. Por eso, cuando los campesinos siembran su semilla, alejan todos los pensamientos tristes, piensan en cosas alegres, para que el maíz no se ponga triste.

Amor

Ereno es la diosa del amor y es la luna. Su nombre deriva de la espuma del mar. Es hermosa y luce espléndidos atavíos.

En las fiestas, una de las funciones de *Ereno* es juzgar quién toca mejor el violín en los concursos. Cuando encuentra al ganador, se disfraza de muchacha y baila con él toda la noche.

El nombre de Ereno, la diosa del amor, deriva de la espuma del mar.

Canto

Kumatame es el
Bisabuelo Cola de
Venado. Es el único
varón que habita en el
mundo húmedo. Tiene
un carácter bondadoso
y caritativo y la voz
más dulce de la tierra. *Otwanaka* necesita
unirse a *Kumatame* para dar vida al maíz.

Kumatame, con su canto dulcísimo, conmovió el corazón de Nakawé.

Cuenta una leyenda wixárika que hace mucho
tiempo, la diosa *Nakawé* estaba furiosa porque
se había muerto su animal favorito: la tortuga
marina. No podía soportar la frustración y,
para desquitarse, quitó toda el agua de la tierra. El mundo
languidecía sin esperanza. Entonces, *Kumatame* comenzó a cantar
sin parar, de día y de noche, día tras día. Quería conmover el
corazón de *Nakawé*. Era tanta la dulzura de su voz que la diosa
Nakawé sintió compasión y devolvió el agua a la tierra. *Kumatame*
es el dios del canto hermoso.

Vida nueva

Tsuruwiakame es la hija de la luna, de *Ereno*. Es la diosa de la vida nueva. Es una deidad femenina que habita en el mundo seco.

Tsuruwiakame vive ahí porque, según cuenta la leyenda, cuando nació fue robada por *T+kakame* el vampiro, que la tomó entre sus brazos, para matarla. Cuando *Ereno* vio que su hija estaba en peligro, se arrojó furiosa sobre *T+kakame*, logró arrebatarle a su hija y corrió a esconderla.

T+kakame, es un vampiro horripilante que se adorna con húmeros y fémures.

Ereno sabía que el vampiro la buscaría hasta encontrarla. Entonces se le ocurrió que *T+kakame* jamás la buscaría en la región seca, porque *Tsuruwiakame* era una diosa del mundo húmedo. Así fue como, desde entonces y por su propia seguridad, *Tsuruwiakame* vive en la porción seca del mundo que habitan los dioses wixaritari.

Como *Tsuruwiakame* viene de la humedad, cuando llegó al mundo seco y estableció su morada, surgió junto a ella una fuente de agua. *Tsuruwiakame* vive muy cerca de *Wirikuta*, lugar al que se dirigen las más importantes peregrinaciones wixaritari.

Antes de llegar a *Wirikuta*, los peregrinos pasan a visitar a *Tsuruwiakame* y, como ella es la diosa de la vida nueva, le hacen ofrendas para que les conceda el nacimiento de muchos animales y plantas. Cuando regresan rumbo a sus comunidades, los peregrinos también visitan a *Tsuruwiakame* y llevan con ellos guajes llenos de agua, que es agua sagrada.

Gracias a que la diosa de la vida nueva vive en la región seca, los dioses del reino húmedo y los del reino seco se comunican entre sí a través de ella. *Tsuruwiakame* representa la esperanza de que algún día se reconcilien los dioses.

Tsuruwiakame nació en el reino húmedo pero vive en el desierto. A su alrededor, brota una fuente de agua milagrosa.

Lluvia

Xapawiyeme es la diosa de la lluvia del sur. Es admirada por su capacidad asombrosa de transformarse sin previo aviso en manantial, nube, serpiente de agua, trueno, rayo, lluvia torrencial o tormenta. También puede convertirse en jícara, cristal de roca o cuarzo.

Xapawiyeme, la diosa de la lluvia, puede transformarse en trueno, nube, manantial o serpiente de agua.

Xapawiyeme está íntimamente relacionada con *Nakawé*. Es la encargada de vigilar la reproducción del ganado y, por esto, recibe muchas ofrendas porque, entre los wixaritari, el ganado es un bien valorado.

Algunos dioses del mundo seco

Fuego

Tatewarí es el Abuelo Fuego. El dios principal. Puede ser fuego y también sol. Como es sol, puede verlo todo: el cielo, la tierra, los mares y el inframundo. Por eso los wixaritari, algunas veces, respresentan a *Tatewarí* como un águila de dos cabezas, porque lo ve todo.

El águila de dos cabezas puede verlo todo: el cielo, la tierra y el inframundo.

Tatewarí, el Abuelo Fuego, es el mejor consejero por ser el más anciano. Vive en el corazón del mundo wixárika.

Tatewarí es como un amigo con el que se puede platicar. Es el aliado principal de los sacerdotes, es su consejero porque, como es abuelo, sabe más que todos, porque apareció en épocas remotas, cuando todavía no había hombres ni luz.

En la temporada de secas se celebra una fiesta agrícola importante que culmina con la quema del terreno, antes de la siembra. Esta fiesta representa el triunfo de los dioses del mundo seco.

Tatewarí reina en todos los templos wixaritari: en los familiares (*tuki*) y en los comunitarios (*kaliwey*). Su lugar está en el centro del templo y toda la vida religiosa gira alrededor de él. También es el gran testigo. Cuando los wixaritari quieren hablar asuntos formales o hacer un compromiso, lo hacen frente a *Tatewarí*. La palabra que se da frente al Fuego, se cumple.

Tatewarí tiene poder sobre el fuego volcánico y también sobre el sol del amanecer, el supramundo, el atardecer, la noche y el inframundo. Él es el único que tiene el poder de abrir y cerrar la puerta que separa al supramundo del inframundo por la que pasan, hacia abajo, las personas que mueren y, hacia arriba, las personas que ya están purificadas y ya pueden ascender al cielo.

Sol

Tayeupa, Tau o Tawerrik+a es el Padre Sol, un dios poderoso, que castiga a las personas cuando mantienen conductas reprobables. Es un dios airado.

Tayeupa es hijo de *Tatewarí*. Por eso, estos dos dioses sostienen largas y frecuentes conversaciones y tienen poderes asociados. Al mismo tiempo, cada uno es un ser aparte.

Tayeupa es el Padre Sol. Para escalar la curva celeste lo impulsan las aves.

Sabiduría

Tamátsimáxakwaxí es el Hermano Mayor Cola de Venado. Es uno de los dioses más respetados del mundo wixárika. Es gran amigo del sol y siempre está con él acompañándolo.

Cuenta la leyenda que, cuando los dioses hicieron la primera cacería de venado, *Tamátsimáxakwaxí* corrió con suma ligereza, y dejó pequeñas huellas sobre la tierra. Entonces de cada una de estas huellas nació una planta de peyote. Desde entonces, el peyote tiene la capacidad de comunicar a los dioses con las personas. A través del peyote, los dioses transmiten conocimiento a las personas y las guían en sus vidas diarias.

Tamátsimáxakwaxí, el dios Venado, es el maestro, el director, el encargado de reunir todo el conocimiento que construyen las personas a lo largo de los siglos. Y es el responsable de explicar las cosas de los dioses. El Venado da a los curanderos todas sus facultades.

La cola de venado es uno de los elementos más respetados, más queridos y más valorados en la cultura wixárika.

El Hermano Venado, el más querido, comparte su sabiduría. Es amigo del Sol.

Una amiga del Sol

Wexika'+imari es la Madre Águila. La encargada de gobernar la región del cielo. A pesar de ser una deidad femenina, *Wexika'+imari* vive en la región seca. Sostiene una muy buena relación con el Sol y tiene toda la libertad para girar en sus dominios. Es la mensajera que comunica a las personas con los dioses.

El águila real, junto con todas las otras águilas y los halcones, son aves del Padre Sol. También los loros pertenecen al Sol y, con su clamor, lo obligan a levantarse en las mañanas y a elevarse en el cielo.

Wexika'+imari, la Madre Águila, es amiga del Sol y tiene libertad para girar en sus dominios.

Otros dioses diversos

Kauyumarie es el Hermano Mayor Lobo, es un ser profundo y complejo que tiene muchos atributos diversos y muchos de estos atributos son secretos. Es sabio, es poderoso, es misterioso y es fuerte. Tiene un carácter pícaro y es capaz de embaucar a muchos. Puede ser peligroso. Encarna las imperfecciones humanas y, al mismo tiempo, tiene muchas bondades.

*Kauyumarie, el Hermano Lobo,
es pícaro, embaucador y sabio.*

El zopilote es un personaje amable, amistoso. Su percha es una cruz altísima que está en el cielo, por eso lo ve todo y lo sabe todo. Le gusta ayudar a los que tienen mala suerte, a los menos favorecidos, a los que están en dificultades.

El tlacuache tiene un lugar especial entre los wixaritari y es su protegido porque, como ya dijimos, fue él quien robó el fuego (lo ocultó en su bolsa marsupial) para ofrecerlo a los dioses que lo anhelaban.

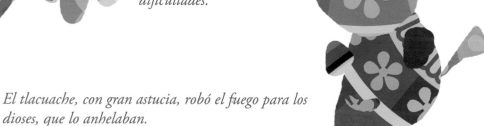

El zopilote es amigo de los que tienen dificultades.

El tlacuache, con gran astucia, robó el fuego para los dioses, que lo anhelaban.

Tate Ipau, la Madre Serpiente, es una deidad menor pero importante porque sus hijos, con sus cantos, llaman a la lluvia.

Los hijos de Tate Ipau, la serpiente, llaman a la lluvia con sus cantos.

T+kakame es un vampiro horripilante que representa la muerte. Le gusta adornarse con huesos que toma de las piernas de sus víctimas: húmeros, fémures y tibias. Atrapa a los hombres cuando logra, con engaños, que se sienten en un banquillo mágico que tiene, del que nadie escapa.

El vampiro T+kakame tiene un banquillo terrible: el que se sienta en él, nunca jamás vuelve a levantarse.

COMUNICACIÓN

Los wixaritari se comunican frecuentemente con los dioses. Lo hacen a través de danzas y cantos. También usan discos en los que dibujan la figura del dios al que quieren convocar y que colocan en el centro de los templos o en los santuarios del campo que se encuentran en pies de árboles, entradas de cuevas o manantiales, por ejemplo.

También ofrecen jícaras bellamente adornadas como regalo para los dioses.

Y tienen un sistema de comunicación a base de flechas, con códigos muy antiguos. Con las flechas envían mensajes específicos. Estos son algunos ejemplos:

- Un rectángulo de tela bordada colgado en el astil de una flecha significa que una bordadora o una tejedora desean vender bien sus productos en los mercados.
- Una cuerda torcida hecha con el mismo material con el que se preparan las redes para atrapar al venado significa que un cazador pide éxito en su jornada.
- Un violín pequeñito o una guitarra en miniatura colgados de una flecha significan una plegaria que solicita a los dioses el don del virtuosismo.

En el mundo wixárika todo fluye, todo cambia y todo permanece.

- Un cuarzo, que representa el alma de un difunto, significa que sus familiares ruegan porque descanse en paz.
- Las plumas largas de aves mayores como el gavilán o el águila son súplicas para que un enfermo sane o para que la enfermedad se mantenga lejos de las comunidades.
- Si se desea tener una buena cosecha, se usan plumas azules de urraca o amarillas de perico.
- Para ponerse en contacto con los dioses que residen en los puntos cardinales, se prepara una estrella tejida con hilo de algodón blanco que se tiñe con el color del punto cardinal en el que reside el dios solicitado.
- Si lo que se desea es enviar un regalo a los dioses, se puede atar a la flecha, por ejemplo, un dulce o una bolsita con tabaco.

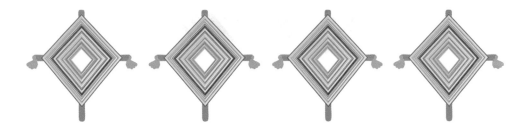

Los wixaritari llenan su mundo con ventanas simbólicas que mantienen abiertas, para no perder el contacto con sus dioses.

Los wixaritari tienen el concepto *niérika* que significa algo así como mirilla, como ventana. Por ahí se asoman los dioses al mundo de las personas y se enteran de cómo están y qué necesitan.

El niérika es el punto por el que los dioses se asoman para observar la vida de las personas y comunicarse con ellas.

El *niérika* aparece en esas hermosas cruces adornadas con estambres de colores que conocemos como ojos de dios. En el centro, el tejido de estambre dibuja un diamante que es la mirilla.

También en las casas hay *niérika* dibujados en las paredes, para que los dioses contemplen la vida cotidiana y no se olviden de las familias y las comunidades.

Hay una ceremonia en la que los sacerdotes presentan a los dioses a las niñas y a los niños chicos. Es la fiesta del tambor.

Durante esta ceremonia, el sacerdote coloca un ojo de dios sobre la cabeza de cada niño y de cada niña. Cuando tienen el ojo de dios sobre su cabeza, los niños tocan un tambor pequeño, para llamar la atención de los dioses.

Atraídos por el ruido del tambor y a través de la mirilla bien enfocada, los dioses observan de cerca a las niñas y a los niños, conocen sus características, identifican sus rostros y así se enteran de que, en el mundo wixárika, hay nuevas personas que antes no conocían. Y les dan la bienvenida.

MOVIMIENTO CONSTANTE

Así es el mundo wixárika en donde todo fluye, todo se mueve, todo cambia y, al mismo tiempo, todo permanece en su sitio de manera inmutable. En este mundo la vida transcurre del nacimiento a la muerte, de la siembra a la cosecha, de la tormenta a la sequía, del trabajo a la fiesta.

Así es la cultura wixárika: un cuerpo de sentimientos, ideas, conocimientos, valores, historias e ilusiones que responde al movimiento del tiempo y que, simultáneamente, permanece constante ofreciendo al pueblo wixárika puntos de referencia, guías y recomendaciones.

Sosteniendo la historia pasada en una mano y la vida nueva en la otra, con el corazón abierto, el pueblo wixárika amanece cada día, dipuesto a conocer algo nuevo, contento de conversar con sus dioses y seguro de que el sol, con el apoyo de águilas, pericos y otras aves canoras, se elevará cada mañana por la curva del mundo, para alumbrarlo.

El pueblo wixárika y sus dioses
terminó de imprimirse en 2018
en los talleres de Edamsa Impresiones, S.A. de C.V.,
Avenida Hidalgo 111, colonia Fraccionamiento
San Nicolás Tolentino, delegación Iztapalapa,
09850, Ciudad de México.